DE CERTAINES ATTRIBUTIONS

PARTICULIÈRES

AU PRÉSIDENT

D'UN TRIBUNAL DE COMMERCE

PAR

M. A. GUILLOT

Secrétaire de la Présidence du Tribunal de Commerce de Lyon.

LYON

A. REY & Cie, IMPRIMEURS-ÉDITEURS

4, RUE GENTIL, 4

1899

DE CERTAINES ATTRIBUTIONS

PARTICULIÈRES

AU PRÉSIDENT

D'UN TRIBUNAL DE COMMERCE

PAR

M. A. GUILLOT

Secrétaire de la Présidence du Tribunal de Commerce de Lyon.

LYON

A. REY & Cie, IMPRIMEURS-ÉDITEURS

4, RUE GENTIL, 4

1899

DE CERTAINES ATTRIBUTIONS

PARTICULIÈRES AU

PRÉSIDENT D'UN TRIBUNAL DE COMMERCE

Rapport présenté à Monsieur le Président VINDRY
et à Messieurs les Juges
par M. A. GUILLOT, Secrétaire de la Présidence.

INTRODUCTION

Monsieur le Président,
Messieurs les Juges,

Parmi les attributions particulières au Président d'un Tribunal, autres que celles relatives à l'administration intérieure, examinées en partie dans un précédent travail sur les audiences, il en est un certain nombre qui se rapportent plus spécialement à des actes relatifs soit à la procédure, soit à certaines prescriptions de notre Code de commerce.

Le plus souvent, la solution de ces cas spéciaux est subordonnée dans une certaine mesure à l'appréciation personnelle d'un Président et à son pouvoir discrétionnaire.

Il a paru utile à M. le président Vindry de faire réunir, dans une étude aussi complète que possible, les circonstances particulières, les hypothèses spéciales et les cas prévus par la loi, où ce magistrat peut se trouver appelé à statuer directement par voie d'ordonnance ou par tous autres modes.

En me chargeant de ce nouveau rapport, M. le Président m'a honoré une fois de plus de sa confiance, ce dont je ne saurais trop le remercier; mais il m'a aussi imposé une tâche bien lourde que je me suis efforcé de remplir scrupuleusement, en m'inspirant de documents et renseignements puisés dans un certain nombre d'auteurs traitant de ces diverses questions.

Je m'empresse d'ajouter que je me croirais téméraire, ayant conscience de mon inexpérience juridique, de ne pas rééditer une formule consacrée, qui consiste à demander l'indulgence bienveillante de M. le Président et du Tribunal.

Les questions multiples qui vont être examinées ici ne comportent pas moins de vingt-cinq cas différents où le Président d'un Tribunal a mission de décider directement ou d'intervenir.

Pour en faciliter l'étude, il était utile d'en faire une classification qui peut se présenter ainsi :

CHAPITRE PREMIER. — *Des attributions plus spéciales aux Présidents des Tribunaux de Villes maritimes.*

CHAPITRE II. — *Des livres de commerce. — Extraits. — Légalisations de signatures.*

CHAPITRE III. — *Avaries de route. — Refus de prendre livraison. — Marchandises en souffrance.*

CHAPITRE IV. — *Vente de marchandises neuves. — Ventes en détail. — Ventes en gros. — Ventes spéciales de cuirs verts. — Ventes d'objets donnés en gage.*

CHAPITRE V. — *Ordonnances particulières. — Autorisation à requérir paiement d'un effet de commerce égaré. — Demande en duplicata de récépissé et en paiement de warrant égaré. — Ordonnances en remplacement d'huissier commis — en nomination de commissaire-censeur — en autorisation d'ouverture de dépôt au Conseil des prud'hommes. — Ordonnances pour prélèvement d'échantillons en suite de commissions rogatoires — en nomination de tiers expert après sinistre — de taxe. — Demande d'interrogatoire sur faits et articles.*

CHAPITRE VI. — *De la saisie conservatoire.*

Toutes ces questions sont intéressantes à suivre en détail ; bon nombre, bien que ne se présentant que fort rarement, offrent un élément d'étude très étendu, qui entraîne forcément un rapporteur à dépasser les proportions de développement qu'il avait mission de garder dans un travail de ce genre.

CHAPITRE PREMIER

Des attributions plus spéciales aux Tribunaux de commerce des villes maritimes.

§ 1er. **Capitaine de navire. Registre de bord et rapports de mer.** — Bien que l'étude des questions maritimes soit moins utile à notre ville qu'aux villes du litoral, il est pourtant utile de les passer en revue pour aider à la solution des quelques causes pouvant se présenter devant notre Tribunal.

Cet examen a d'autant mieux sa place ici qu'il rentre dans le cadre qui nous a été tracé et qu'il oblige à traiter incidemment de règlementations applicables dans certains cas, aussi bien à la navigation fluviale qu'à la navigation maritime.

L'article 224 du Code de commerce est ainsi conçu :

Art. 224.— *Le capitaine d'un navire tient un registre coté et parafé par l'un des Juges du Tribunal de commerce, ou par le maire ou son adjoint dans les lieux où il n'y a pas de Tribunal de commerce.*

Ce registre contient :

Les résolutions prises pendant le voyage, la recette et la dépense concernant le navire et généralement tout ce qui concerne le fait de sa charge et tout ce qui peut donner lieu à un compte à rendre, à une demande à former.

L'article 225 dit :

Art. 225. — *Le capitaine est tenu, avant de prendre charge, de faire visiter son navire aux termes et dans les formes prescrites par les règlements.*

Le procès-verbal de visite est déposé au Greffe du Tribunal de commerce, il en est délivré extrait au capitaine.

Enfin, l'article 242 énonce :

Art. 242. — *Le capitaine est tenu, dans les vingt-quatre heures de son arrivée, de faire viser son registre et de faire son rapport.*

Le rapport doit énoncer le lieu et le temps de son départ, la route qu'il a tenue, les hasards qu'il a courus, les désordres arrivés dans le navire et toutes les circonstances remarquables de son voyage.

Comme on le voit par l'explication de l'article 224, le capitaine d'un navire est tenu de coucher sur un registre tout ce qui concerne le fait de sa charge. C'est ce qui est appelé le livre de bord : livre qui doit être établi sur papier timbré aux termes de la loi du 28 avril 1816, à peine de 500 francs d'amende.

Ce registre, coté et paraphé au préalable par l'un des juges du Tribunal de commerce, doit être écrit de la main même du capitaine, et tenu au jour le jour.

Dans la pratique, c'est au Président du Tribunal que ce livre est présenté, et c'est ce dernier qui désigne le magistrat chargé de le parafer.

Cette formalité est remplie sans aucun frais à la charge de la partie requérante.

Le capitaine d'un navire est soumis aux diverses obligations stipulées dans les articles ci-dessus pour plusieurs motifs.

Parce que le propriétaire armateur du navire est civilement responsable des faits du capitaine, de même qu'il est tenu de remplir les engagements qu'a pu prendre ce dernier dans l'exercice de sa fonction (art. 210 et suivants).

Il peut cependant s'affranchir de ces obligations par l'abandon du navire et du fret (§ 2, art. 216).

La Cour de cassation, par un arrêt du 26 novembre 1851, a jugé que cette faculté, réservée par l'article 216, est applicable à la navigation fluviale.

C'est encore le Président du Tribunal de commerce qui a qualité pour désigner les experts chargés de procéder à la visite du matériel et du chargement, visite que le capitaine doit requérir pour tous voyages au long cours avant de prendre charge (art. 225).

Cette mesure est édictée dans l'intérêt non seulement des tiers, mais aussi dans celui du capitaine pour sa propre sûreté, afin que sa responsabilité et ses obligations comme chef du navire soient bien définies.

Les experts maritimes chargés de ces sortes de visites sont pris sur une liste dressée annuellement par le Tribunal parmi les anciens navigateurs ou constructeurs de navires.

Les articles 226 et suivants énumèrent les multiples droits et les nombreux devoirs du capitaine pendant le voyage, et on arrive ainsi à l'article 242 reproduit plus haut, qui dit que, dans les vingt-quatre heures de son arrivée, le capitaine est tenu de faire viser son livre de bord et de faire son rapport détaillé, non seulement sur les opérations commerciales ou autres, faites en cours de route, mais encore sur les incidents de route, accidents ou circonstances intéressantes du voyage.

Ce rapport doit être signé de lui et du Président du Trîbunal auquel il est adressé.

L'article 243 du Code de commerce dit que ce rapport doit être fait au Greffe, devant le Président du Tribunal de commerce, et que le capitaine ne doit s'adresser au Juge de paix que dans le cas où il ne se trouve ni Tribunal de commerce, ni même de Tribunal civil jugeant commercialement, peut-on ajouter.

Les capitaines de navires étrangers ne sont pas tenus à l'observation des articles 242 et 243, qui ne leur sont pas applicables.

Leurs rapports de route sont faits aux Consuls de leurs nations respectives, sauf en cas d'avaries de marchandises, où un rapport spécial doit être remis à la Douane aux fins d'obtenir réduction sur les droits à percevoir.

Nous trouvons encore, dans les articles 244, 45, 46 et 47 du Code de commerce, l'énumération des devoirs du capitaine en cours de route, s'il se trouve obligé de relâcher dans un port français ou étranger, s'il a fait naufrage, etc.

En cas de relâche dans un port français, c'est encore au Président du Tribunal de commerce qu'il est tenu de déclarer les causes de sa relâche, et au Consul de son pays pour les ports étrangers.

En cas de naufrage, prévu par l'article 246, c'est encore devant le Juge du lieu, ou à défaut du Juge du lieu, devant toute autre autorité civile que le capitaine doit faire son rapport.

Le Juge du lieu n'est autre que le Président du Tribunal de commerce, ou à défaut le Juge de paix.

Dans le cas particulier de l'article 246, le Président a mission spéciale de faire une enquête à la suite du rapport du capitaine du navire naufragé, enquête déterminée par l'article 247 du Code de commerce.

Ce rapport et cette enquête doivent porter sur tous les incidents du naufrage, notamment sur la nécessité dans laquelle a pu se trouver le capitaine, de jeter en mer tout ou partie de la cargaison, pour assurer, si possible, le salut du navire ou de l'équipage.

C'est encore, d'après l'article 414 du Code de commerce, au Président du Tribunal de commerce qu'appartient le soin de désigner les experts chargés de dresser l'état des pertes et dommages sur la demande et à la diligence du capitaine ou de tous autres intéressés, s'il y a lieu.

Les experts ainsi désignés sont tenus de prêter serment avant de procéder à leur mission.

MODÈLE D'ORDONNANCE EN NOMINATION D'EXPERT

(Cas de l'article 414 du Code de Commerce.)

Nous, Président du Tribunal de commerce de , vu la requête qui nous est présentée, les dispositions de l'article 414 du Code de commerce, désignons MM. experts à l'effet de dresser l'état des pertes et dommages constatés par suite des avaries survenues en cours de route, sur le navire le (le nom), appartenant à (nom de l'armateur) commandé par (le nom du capitaine), arrivé le , venant de .

Disons que les experts devront concilier les parties si possible, à défaut déposer leur rapport au Greffe de ce Tribunal. Ordonnons qu'avant de procéder à leur mission, ils seront tenus de prêter serment.

Fait à

(Signature)

§ 2. **Commerce maritime. Vente et dépôt de marchandises.** — L'article 305 du Code de commerce dit :

Art. 305. — *Si le consignataire refuse de recevoir les marchandises, le capitaine peut, par autorité de justice, en faire vendre pour le paiement de son fret et faire ordonner le dépôt du surplus.*

S'il y a insuffisance, il conserve son recours contre le chargeur.

L'article 306 vient ajouter :

Art 306. — *Le capitaine ne peut retenir les marchandises dans son navire faute de paiement de son fret.*

Il peut, dans le temps de la décharge, demander le dépôt en mains tierces jusqu'au paiement de son fret.

L'article 305 prévoit donc le cas où le capitaine de navire se trouverait dans la nécessité de recourir à la justice pour obtenir paiement du montant de son fret; notamment si le consignataire refusait de prendre livraison de la marchandise pour un motif quelconque.

C'est aussi le Président du Tribunal de commerce qui est appelé à soumettre au Tribunal la demande en autorisation nécessaire pour la vente ou le dépôt que prévoit l'article 105.

Cette autorisation est donnée par jugement exécutoire par provision, et la vente, s'il y a lieu, doit être faite aux enchères publiques, en ayant soin de procéder aux formalités d'usage.

Le Tribunal est autorisé à s'entourer auparavant de tous renseignements utiles; il peut notamment ordonner une visite si le consignataire prétexte le mauvais état de la marchandise; son refus de prendre livraison doit être en tout état de cause constaté par une sommation.

Il est d'usage toutefois d'accorder le fret par provision sous la condition d'être soumis à rapport s'il y a lieu.

Contrairement à ce qui est reconnu en matière de transport par navigation fluviale, où il a été jugé que le capitaine d'une barque a le droit de retenir la marchandise à son bord, comme garantie du fret dû par le destinataire (Montpellier, 12 février 1891, rapporté dans Dalloz, 93, II, 94), le capitaine d'un navire doit décharger la marchandise.

Mais, suivant les dispositions de l'article 306, il a le droit d'en demander en justice le dépôt en mains tierces jusqu'au paiement du fret.

Les parties ont la faculté de s'entendre sur le choix du dépositaire, qu'elles peuvent désigner amiablement; dans le cas de mésaccord, elles doivent s'adresser au Tribunal de commerce.

L'acte de dépôt est alors signifié au consignataire à la requête du capitaine qui peut obtenir que cet acte comporte de la part du Tribunal, l'autorisation de faire procéder à la vente des marchandises, si, après condamnation à paiement du fret, le consignataire ne s'est pas exécuté dans les conditions imparties. (Dalloz, *J. G.*, Droit maritime.)

Comme on le voit en matière de transport maritime, l'intervention directe du Tribunal de commerce, et plus spécialement de son Président, est prévue dans un grand nombre de cas qu'il semblait nécessaire d'indiquer dans ce rapport aux fins de le rendre plus complet.

CHAPITRE II

Des livres à parafer.
Livres de commerce. — Des extraits de livres et certificats de Douane.
Des légalisations de signature.

§ Ier. **Des livres à parafer; livres de commerce.** — Il importe de reproduire ici les articles du Code de commerce qui se rapportent à cette question ; ce sont plus spécialement les articles 8, 9 et 11.

Art. 8. — *Tout commerçant est tenu d'avoir un livre-journal qui présente jour par jour ses dettes actives et passives, les opérations de son commerce, ses négociations, acceptations ou endossements d'effets, et généralement tout ce qu'il reçoit et paie à quelque titre que ce soit, et qui énonce, mois par mois, les sommes employées aux dépenses de sa maison ; le tout indépendamment des autres livres usités dans le commerce, mais qui ne sont pas indispensables. Il est tenu de mettre en liasse les lettres missives qu'il reçoit et de copier sur un registre les lettres qu'il envoie.*

Art. 9. — *Il est tenu de faire tous les ans, sous seing privé, un inventaire de ses effets mobiliers et immobiliers, et de ses dettes actives et passives, et de le copier année par année sur un registre spécial à ce destiné.*

Art. 10. — *Le livre journal et le livre des inventaires seront parafés et visés une fois par année. Le livre copie de lettres ne sera pas soumis à cette formalité.*

Tous seront tenus par ordre de date, sans blanc, lacunes ni transports en marge.

Art. 11. — *Les livres dont la tenue est ordonnée par les articles 9 et 10 ci-dessus, seront cotés, parafés et visés, soit par un des Juges du Tribunal de commerce, soit par le maire ou un adjoint, dans la forme ordinaire et sans frais. Les commerçants seront tenus de conserver ces livres pendant dix ans.*

Il résulte des dispositions des articles qui précèdent que tout commerçant, sans distinction, est tenu d'avoir des livres ; qu'il s'agisse d'un simple particulier comme d'une société.

Il ne nous appartient pas d'examiner dans ce rapport les formes qu'il est préférable d'adopter pour la tenue des livres rendus obligatoires par la loi; aucune n'est plus particulièrement prescrite, et les méthodes ou systèmes abondent, n'offrant que l'embarras du choix.

Ce sont plus spécialement les dispositions des articles 10 et 11 dont il convient de s'occuper ici.

On a vu par ces articles que les trois livres obligatoires doivent être cotés, parafés et visés; qu'ils doivent être pour cela présentés soit au Tribunal de commerce, soit au maire ou à un adjoint.

Les livres seront cotés, dit la loi : c'est-à-dire que chaque feuillet doit comporter un numéro d'ordre, *en toutes lettres* jusqu'au dernier qui est accompagné des mots : « et dernier feuillet ».

Ils seront parafés : c'est-à-dire que le magistrat chargé de ce travail doit apposer, à chaque feuillet, avec ses lettres initiales, le paraphe qu'il a adopté dans sa signature; le parafe seul serait insuffisant, les initiales sont indispensables. Il n'est pas rare en effet de rencontrer des signatures ne comportant aucun signe particulier, c'est pourquoi l'usage a été adopté pour la plupart des actes de faire approuver les renvois en joignant au parafe les lettres initiales.

La loi ajoute : « Ils seront visés ». Ce visa nécessite en réalité une sorte de procès-verbal ordinairement libellé en tête du livre ; procès-verbal qui contient des indications relatives à la nature du livre, à l'usage auquel il sera destiné, le nombre de feuillets qu'il renferme, et enfin la date de la formalité du visa.

Ce procès-verbal doit comporter la signature du Juge délégué pour parafer le registre, il l'apposera également en entier au dernier feuillet du livre.

Les livres ne devront contenir aucune écriture au moment où ils sont présentés.

Il faut reconnaître, du moins pour notre ville, que les prescriptions des articles 10 et 11 du Code de commerce sont loin d'être suivies, et qu'en dehors des sociétés anonymes, des banquiers, agents de change, courtiers, et de certains officiers ministériels qui y sont plus rigoureusement tenus, il y a bien peu de commerçants qui se conforment à leurs exigences.

Que notamment, le visa annuel prévu par l'article 10 qui doit avoir lieu sur le registre déjà en train n'est jamais sollicité, et que, en ce qui concerne l'article 11, les copies de lettres ne sont pas davantage présentés.

Au moment où le Code de commerce a été revisé et le projet de rédaction arrêté, soit en l'an IX (1801), la Commission nommée à cet effet dut s'inspirer de l'édit de 1673 et de l'ordonnance de 1681, nous disent les auteurs et notamment Demangeat dans son *Traité de droit commercial.*

Le commerce à cette époque était moins répandu, moins divisé, et peut-être aussi les transactions moins nombreuses que de nos jours; la correspondance a pris, elle aussi, depuis cette époque, des proportions considérables.

Il est certain que, si tous les commerçants français se conformaient aux obligations des articles 10 et 11, les Tribunaux de commerce et les mairies seraient littéralement encombrés, les législateurs de l'an IX ne connaissaient pas la prolifique machine à écrire, et le copie de lettres se faisait à la main, comme en matière administrative.

Il ne nous appartient pas davantage de rechercher s'il ne conviendrait pas d'apporter quelques modifications à ces deux articles de notre Code de commerce, qui ont été édictés avec la sage intention de prévenir des fraudes, antidates, suppressions, suppositions, etc., etc.

Les auteurs se livrent à une foule d'appréciations différentes pour expliquer et justifier les intentions assujettissantes du législateur; c'est leur rôle de théoriciens, mais nous devons constater combien dans la pratique ces prescriptions sont peu observées, et encore assez pour donner aux magistrats un travail peu en rapport avec leurs fonctions.

Nous trouvons, dans le nouveau *Traité de droit commercial* de Thaller (chap. III, n° 132), où cet auteur traite de la question du visa des livres du commerçant, dont l'usage est tombé en désuétude, des observations qui ont leur place ici.

Il explique notamment que l'obligation du visa des livres est peu suivie en pratique pour divers motifs, et par suite de modifications successives apportées dans les usages commerciaux, en matière de livres.

On se sert, dit-il, pour reproduire les lettres, de la presse à copier; les parties imprimées de la correspondance ne se décalquent point sur le livre copie de lettres, qui renferme dès lors nécessairement des lacunes.

Le visa annuel permettrait à un juge, qui est souvent de la même partie, de pénétrer le secret des opérations d'un concurrent.

Une objection se présente, dit-il, en pareil cas. Les livres sont irrégulièrement tenus ; ils exposent donc le commerçant à être banqueroutier s'il fait faillite et à perdre le bénéfice de la preuve attachée aux livres bien tenus.

C'est une erreur, la banqueroute est facultative en cas de livres inexistants ou irréguliers. On se dispensera de poursuivre le commerçant, s'il n'y a point d'autres charges relevées contre lui. D'un autre côté, les livres, quoique ne disposant plus de la preuve légale, seront cependant présumés « en fait » renfermer des énonciations conformes à la vérité ; ainsi en sera-t-il si rien de suspect ne se présente dans les écritures. L'article 1353 (Code civil) dit, au surplus, que le juge de commerce peut établir sa conviction sur de simples présomptions de fait.

Il était nécessaire de consigner les réflexions d'un auteur apprécié, réflexions qui ont leur importance et donnent une juste solution de cette question de visa des livres tombée en grande partie en désuétude du fait même de sa difficulté toujours croissante.

Suivant les usages adoptés au Tribunal de commerce de Lyon, les livres à parafer sont déposés au Secrétariat, et la désignation du juge délégué à cet effet est faite par M. le Président ou sous sa surveillance.

La formule servant de procès-verbal, suivant ce qui est expliqué plus haut, est libellée de la façon suivante :

FORMULE

Nous, Juge au Tribunal de commerce, délégué par Monsieur le Président, avons parafé le présent livre (Journal ou Inventaire), composé de (nombre de feuillets) feuillets, pour servir aux écritures commerciales de la maison (Indiquer le nom de la maison et la profession) de cette ville.

Fait à Lyon, le

Le Juge délégué,
(Signature.)

§ 2. **Extraits de livres. Certificats de douane.** — Dans ce paragraphe, il ne s'agit pas d'examiner la question de communication ou de représentation des livres, dont les conditions sont réglées par les articles **14**, 15 et suivants du Code de commerce, mais bien des extraits de livres présentés pour des causes quelconques, ou exigés des commerçants dans certaines circonstances ou certains procès.

Ces extraits, qu'il s'agisse de comptes courants, factures ou correspondance, sont établis sur papier timbré, certifiés conformes et signés des intéressés. Puis ils sont présentés au Tribunal avec les livres dont ils sont la reproduction.

Le Président du Tribunal, avant de déléguer un de ses collègues, s'assure de la parfaite concordance des livres avec l'extrait qui lui est présenté, cette formalité étant faite, dans la pratique, sous son contrôle direct.

A Lyon notamment, les extraits ainsi que les livres sont présentés au Secrétariat de la Présidence, qui a charge de faire un minutieux pointage, et c'est après cette vérification et cette mesure de contrôle que l'ordonnance rédigée est présentée au visa du Juge délégué, dont la signature est légalisée par le Président du Tribunal.

Ces formalités remplies, les certificats ainsi établis sont déposés au greffe, où les intéressés vont les retirer, contre paiement du droit spécial prévu par le tarif officiel des droits de greffe : 1 franc par certificat simple et 1 fr. 25 par certificat comportant légalisation.

Les certificats d'extraits de livres exigés par l'Administration des Douanes, pour l'admission en franchise de marchandises d'origine française, en retour de l'étranger, sont soumis aux mêmes formalités. La vérification des livres doit également être faite avec soin en ce qui concerne la nature, la quantité et la date de sortie de la marchandise.

Les diverses formules adoptées pour ces sortes de certificats sont les suivantes :

FORMULE N° 1. — EXTRAITS DE LIVRES

Nous, Juge au Tribunal de commerce de Lyon, délégué par Monsieur le Président, certifions que l'extrait de (compte, facture ou copie de lettres) est conforme aux livres de la maison (l'indiquer) de cette ville.

Lyon, le

Le Juge délégué,
(Signature)

FORMULE N° 2. — CERTIFICAT DE DOUANE

Certificat d'origine pour rentrée de marchandises. — Vu pour conformité des livres de livraison.

Lyon, le

Le Juge délégué,
(Signature.)

§ 3. **Légalisations de signatures**. — La légalisation peut être définie : l'attestation donnée par un fonctionnaire public, ayant mission à cet effet, d'attester la vérité des signatures apposées à un acte public et des qualités de ceux qui l'ont fait ou expédié, afin que l'on puisse y ajouter foi partout où l'acte sera produit. *(Répertoire de droit français*, Fuzier Hermann.)

Plusieurs catégories de fonctionnaires ont qualité pour légaliser des signatures à des titres divers.

Le Président du Tribunal de commerce a qualité pour légaliser les signatures des membres du Tribunal de Commerce, celles des Greffiers, Commis-Greffiers, Huissiers-audienciers.

Il légalise encore les signatures des agents de change et celle des Courtiers-inscrits.

La légalisation est une sorte de garantie de l'authenticité et de la sincérité d'une signature. Dès lors, celui qui est appelé à donner une légalisation ne saurait être responsable de la teneur de l'acte légalisé.

Il doit toutefois s'entourer de toutes les garanties possibles, car sa responsabilité peut être engagée si la signature est l'œuvre d'un faussaire (Sirey, 76, I,400).

Il importe cependant de faire remarquer que toutes les décisions rendues dans ce sens se rapportent à des officiers municipaux. Il est en effet évident que le pouvoir de légalisation d'un Président de Tribunal de Commerce étant limité à une catégorie d'officiers publics ou de fonctionnaires désignés qu'il doit sûrement connaître, cette responsabilité ne saurait donner lieu à aucune suite fâcheuse.

Les légalisations de signatures sont plus particulièrement demandées pour les productions d'actes devant servir ou être produits en dehors du lieu où ces signatures sont sollicitées de l'officier public.

Le pouvoir donné au Président d'un Tribunal de commerce de légaliser les signatures des fonctionnaires ou officiers publics désignés ci-dessus doit s'entendre seulement pour des cas relatifs à leurs fonctions. S'ils agissent comme simples particuliers, en leur nom privé, la légalisation ne peut être donnée que par le Maire.

En dehors de la catégorie de légalisation dont nous venons de parler, le Président du Tribunal de commerce peut se trouver en présence d'autres demandes; il doit dès lors s'enquérir de leur nature et de la nécessité de la formalité demandée.

Tels sont les cas où des cahiers des charges portent que les pièces à produire seront légalisées par le Président du Tribunal de commerce; il serait excessif de sa part, dans ces circonstances particulières, de refuser la légalisation.

La formule de légalisation de signature est très simple et peut se mettre de la façon suivante :

FORMULE

Vu pour légalisation de la signature de M. (qualité ou fonctions).
Lyon, le

Le Président du Tribunal,
(Signature.)

CHAPITRE III

Avaries de route (article 106 du Code de commerce). — **Refus de prendre livraison.** — **Marchandises en souffrance** (art. 106, dern. parag.).

§ 1er. **Avaries de route. Refus de prendre livraison** (article 106 du Code de commerce).

Art. 106. — *En cas de refus ou contestation pour la réception des objets transportés, leur état est vérifié et constaté par des experts nommés par le Président du Tribunal de commerce, ou, à son défaut, par le Juge de paix et par ordonnance au pied d'une requête. Le dépôt ou séquestre, et ensuite le transport dans un dépôt public peut en être ordonné. La vente peut en être ordonnée en faveur du voiturier jusqu'à concurrence du prix de la voiture.*

Toutes les formalités prescrites par l'article 106 sont applicables en matière de transport par voies ferrées et par eau, aussi bien qu'en matière de roulage.

Ces formalités sont exclusivement relatives aux constatations qui peuvent se présenter entre destinataires et voituriers, au sujet des avaries survenues en cours de route, avaries dont les causes peuvent être attribuées aux conditions de transport, c'est-à-dire depuis la remise de la marchandise par l'expéditeur jusqu'à la délivrance réelle ou future, entre les mains du destinataire. Elles ne sauraient être appliquées dans les différends qui pourraient se présenter entre ce dernier et l'expéditeur, au sujet de la qualité de marchandises ou de la non-conformité. Il y aurait dans ce cas excès de pouvoir de la part du Président du Tribunal.

Un arrêt de la Cour de cassation, en date du 3 mars 1863, a été rendu dans ce sens (Sirey, 1863, I, 120).

Extrait. «... Attendu qu'il n'y a lieu à l'expertise prescrite par l'article 106, Code commerce, qu'au cas de refus de la marchandise ou de contestation sur son état, lors de sa présentation par le voiturier, et qu'elle ne peut conséquemment être requise et ordonnée qu'à l'occasion de ce refus ou de cette contestation; attendu que, lorsque la réception de la marchandise sans protestation ni réserve a déchargé le voiturier, toute contestation ultérieure sur l'état de la marchandise ne pouvant plus s'élever qu'entre le destinataire et l'expéditeur, se trouve soumise, pour les contestations à faire, à la disposition générale de l'article 429, Code procédure, et par conséquent aux règles et formalités essentielles des expertises ordinaires, etc. »

Quel que soit l'état de conditionnement d'un colis à l'arrivée, la vérification réclamée par le destinataire ne saurait être refusée. Cette vérification doit avoir lieu amiablement; ce n'est que dans le cas de refus absolu de recevoir, par suite d'une contestation sur l'état de conservation de la marchandise, qu'il y a lieu d'avoir recours à l'application de l'article 106, Code de commerce.

D'où il résulte que le transporteur est tenu de réparer l'avarie constatée s'il est prouvé que cette avarie a pour cause la manutention trop brusque ou le manque de soin de ses agents; la décharge donnée au transporteur lors de l'expédition, ne saurait le soustraire à cette obligation (Cour de cass., 13 août 1872, Sirey, 72, I, 304).

La procédure à suivre dans le cas de l'article 106, Code commerce, est la suivante : Le transporteur ou le destinataire adresse au Président du Tribunal de commerce, par voie de requête, une demande en nomination d'expert, ce dernier ayant pour mission de constater l'avarie, d'en rechercher les causes et de fixer l'indemnité qui pourrait être due.

L'expert ainsi désigné n'est pas tenu de prêter serment avant de procéder à sa mission ; il y a, en effet, dans tous ces cas d'avarie, une grande urgence, dès lors la prestation de serment ne doit pas être rendue obligatoire et l'expert nommé peut fixer lui-même le jour de son opération sans que la présence des intéressés soit obligatoirement nécessaire, il est cependant d'usage de les prévenir, l'expertise faite contradictoirement ayant pour résultat de faciliter une transaction immédiate.

La demande en nomination d'expert, pour avarie de route, dans les conditions de l'article 106, ne peut être faite que si le destinataire n'a pas pris livraison de la marchandise ou fait toutes réserves utiles. Il a toutefois, en l'absence de ces précautions, le recours qui lui est réservé par l'article 105 du Code de commerce : il doit donc, conformément aux dispositions de cet article, et dans les trois jours, notifier au transporteur par acte extra-judiciaire et par lettre recommandée, sa protestation motivée. (Loi du 11 avril 1888, portant modification des articles 105 et 106, Code de commerce.)

Il doit s'appliquer à faire ressortir dans sa protestation que la marchandise est demeurée telle qu'elle lui avait été remise, et que l'avarie dont il a à se plaindre était antérieure à la réception. Cette preuve peut résulter de présomptions plus ou moins grandes, les juges du fond ont le droit d'appréciation. (Cassation, ch. des requêtes, 13 avril 1897.)

Il est bon de faire remarquer que, dans le cas de l'article 106, il n'est pas absolument nécessaire que l'avarie soit apparente pour motiver le refus de prendre livraison.

Les formalités prescrites par le même article, pour arriver à la vérification de l'état des marchandises, puis à leur vente, ne sont pas prescrites à peine de nullité, l'expertise peut être remplacée ou suppléée par tout autre mode de preuve. (Dalloz, Com., 317).

La nomination de l'expert par le Président du Tribunal est faite, nous l'avons vu, par ordonnance sur requête. Cette ordonnance est ainsi libellée.

ORDONNANCE

Nous, Président du Tribunal de commerce de Lyon, vu la requête ci-dessus, les dispositions de l'article 106 du Code de commerce ; tous droits réservés aux parties ; commettons M. expert à l'effet d'examiner les (désignation de la marchandise dont il s'agit), constater leur état, l'avarie signalée, sa nature, ses causes apparentes, l'importance du dommage, et du tout dresser procès-verbal en présence des intéressés dûment appelés pour servir ensuite à ce que de droit.

Fait, etc.

Le Président,
(Signature.)

§ 2. **Marchandises en souffrance.** — L'article 106, dans son dernier paragraphe, s'occupe du recours et des droits du voiturier sur la marchandise.

Cette disposition est particulière au cas où le destinataire a refusé de prendre livraison de la marchandise.

Le transporteur peut conserver les marchandises refusées, il n'est pas obligatoirement tenu de les mettre en dépôt ; mais dans ce cas, il reste responsable des avaries qui pourraient survenir du fait de cette garde. La mesure de dépôt ou séquestre et transport dans un dépôt public intéresse donc surtout le voiturier qui a avantage à se dessaisir, ce qui l'exonère de toute responsabilité pour le cas d'avaries postérieures.

Avec autorisation de justice, les marchandises non enlevées peuvent être déposées chez des tiers consignataires, ou être placées sous séquestre, et ce alors aux risques et périls de qui de droit.

Dans ce cas, le transporteur doit s'adresser au Président du Tribunal de commerce.

La demande, faite sous forme de requête, donne lieu à l'ordonnance suivante :

ORDONNANCE

Nous, Président du Tribunal de commerce de Lyon, vu la requête ci-dessus, les motifs exposés, ainsi que les dispositions de l'article 106 du Code de commerce, paragraphe 2, autorisons le requérant à faire transporter les (désignation de la marchandise) dont il s'agit, de la gare de aux magasins généraux de (ou à l'entrepôt de) aux frais, périls et risques de qui sera par justice ordonné, et à charge de faire vérifier et transporter la marchandise en présence de l'expéditeur et du destinataire ou eux dûment appelés.

Lyon, le

Le Président,
(Signature.)

L'article 106 stipule encore, au profit du transporteur, un droit de vente des marchandises en souffrance, aux fins de se couvrir des frais de transport, magasinage s'il y a lieu, etc.

Là encore, le transporteur doit se pourvoir devant le Président du Tribunal de commerce pour obtenir une ordonnance d'autorisation de vendre ces marchandises.

D'après un arrêt du 8 mai 1857, rapporté dans Sirey (1857, II, p. 526), cette vente n'ayant lieu que pour assurer le privilège attribué au voiturier par le paragraphe 6 de l'article 2102 du Code civil, il ne serait pas nécessaire de notifier cette vente soit à l'expéditeur, soit au destinataire.

Il est cependant d'usage dans un grand nombre de Tribunaux, notamment à Lyon, plus spécialement si les marchandises ont été entreposées pendant un certain temps, d'exiger de la Compagnie de transport ou de l'entrepositaire la preuve d'une mise en demeure, soit de l'expéditeur, soit du destinataire, d'avoir à prendre livraison.

Cette mise en demeure consiste simplement dans la justification d'envoi de lettres recommandées.

Les ventes ainsi ordonnées sont faites après publicité en les formes voulues par la loi, pour les ventes de marchandises faites par autorité de justice.

ORDONNANCE

Nous, Président du Tribunal de commerce, vu la requête qui précède, les dispositions de l'article 106 du Code de commerce, paragraphe 3, sous la réserve des droits des parties, autorisons le ce requérant, à faire procéder à la vente aux enchères publiques, par le ministère (d'un courtier s'il s'agit de marchandises neuves, et d'un Commissaire-Priseur si c'est du mobilier) des (désignation de la marchandise) en souffrance (ou déposée) à et ce, aux frais, périls et risques de qui il appartiendra, en présence des parties intéressées ou elles dûment appelées, pour, le prix à provenir de ladite vente, être appliqué au paiement des frais de vente, transport et autres dus à (le transporteur ou entrepositaire) au jour de la vente.

Le surplus sera versé à la Caisse des Consignations à la conservation de qui il appartiendra.

Lyon, le

Le Président,
(Signature.)

CHAPITRE IV

Vente de marchandises.

Vente en détail de marchandises neuves, pour cause de cessation de commerce. — Vente en gros de marchandises neuves. — Vente spéciale de cuirs verts. — Vente d'objets donnés en gage.

§ 1er. **Ventes en détail de marchandises neuves, pour cause de cessation de commerce.** — Ces ventes sont autorisées en vertu des dispositions des lois des 25 juin 1841 et 3 juillet 1861.

La loi du 25 juin 1841 s'exprime ainsi :

Art. 1er. — *Sont interdites les ventes en détail des marchandises neuves, à cri public, soit aux enchères, soit au rabais, soit à prix fixe proclamé avec ou sans l'assistance des officiers ministériels.*

Art. 2. — *Ne sont pas comprises dans cette défense les ventes prescrites par la loi ou faites par autorité de justice, non plus que les ventes après décès, faillite ou cessation de commerce, ou dans tous les autres cas de nécessité dont l'appréciation sera soumise au Tribunal de commerce. Sont également exceptées les ventes à cri public de comestibles ou objets de peu de valeur connus dans le commerce sous le nom de menue mercerie.*

Art. 3. — *Les ventes publiques et en détail de marchandises neuves, qui auront lieu après décès ou par autorité de justice, seront faites selon les formes prescrites et par les officiers ministériels préposés pour la vente forcée du mobilier, conformément aux articles 625 et 945 du Code de procédure civile.*

Art. 4. — *Les ventes de marchandises après faillite seront faites conformément à l'article 486 du Code de commerce, par un officier public de la classe que le juge-commissaire aura déterminée. Quant au mobilier du failli, il ne pourra être vendu aux enchères que par le ministère des commissaires-priseurs, notaires ou huissiers ou greffiers de justice de paix, conformément aux loi et règlements qui déterminent les attributions de ces différents officiers.*

Art. 5. — *Les ventes publiques et par enchères après cessation de commerce ou dans les autres cas de nécessité prévus par l'article 2 de la présente loi, ne pourront avoir lieu qu'autant qu'elles auront été préalablement autorisées par le Tribunal de commerce, sur la requête du commerçant propriétaire à laquelle sera joint un état détaillé des marchandises. Le Tribunal constatera, par son jugement, le fait qui donne lieu à la vente; il indiquera le lieu de son arrondissement où se fera la vente; il pourra même ordonner que les adjudications n'auront lieu que par lots dont il fixera l'importance. Il décidera, d'après les lois et règlements d'attribution, qui, des courtiers ou des commissaires-priseurs et autres officiers publics, sera chargé de la réception des enchères. L'autorisation ne pourra être accordée pour cause de nécessité qu'au marchand sédentaire ayant, depuis un an au moins, son domicile réel dans l'arrondissement où la vente doit être opérée. Des affiches apposées à la porte du lieu où se fera la vente énonceront le jugement qui l'aura autorisée.*

Art. 6. — *Les ventes publiques aux enchères de marchandises en gros continueront à être faites par le ministère des courtiers, dans les cas, aux conditions et selon les formes indiquées par les décrets du 22 novembre 1811, 17 avril 1812, la loi du 15 mai 1818, et les ordonnances des 1er juillet 1818 et 9 avril 1819.*

Art. 7. — *Toute contravention aux dispositions ci-dessus sera punie de la confiscation des marchandises mises en vente et, en outre, d'une amende de 50 à 3000 francs qui sera prononcée solidairement, tant contre le vendeur que contre l'officier public qui l'aura assisté, sans préjudice des dommages-intérêts, s'il y a lieu.*

Ces condamnations seront prononcées par les tribunaux correctionnels.

Art. 8. — *Seront passibles des mêmes peines les vendeurs ou officiers publics qui comprendraient sciemment dans les ventes faites par autorité de justice sur saisie, après décès, faillite, cessation de commerce, ou dans les autres cas de nécessité prévus par l'article 2 de la présente loi, des marchandises neuves ne faisant pas partie du fonds ou mobilier mis en vente.*

Art. 9. — *Dans tous les cas ci-dessus où les ventes publiques seront faites par le ministère des courtiers, ils se conformeront aux lois qui les régissent, tant pour les formes de la vente que pour les droits du courtage.*

Art. 10. — *Dans tous les lieux où il n'y aura point de courtiers de commerce, les commissaires-priseurs, notaires, huissiers et greffiers de Justice de paix feront les ventes ci-dessus, selon les droits qui leur sont respectivement attribués par les lois et règlements. Ils seront pour les dites ventes soumis aux formes, conditions et tarifs imposés aux courtiers.*

L'article 1er de la loi du 25 juin 1841 a pour principe de défendre la vente aux enchères et au détail des marchandises neuves, par des moyens propres à provoquer et solliciter l'acheteur et porter ainsi préjudice à des concurrents.

L'article 2 comporte exception pour certains petits commerces, tels les étalagistes dans les foires ou sur les marchés.

Les articles 3 et 4 se rapportent aux ventes après décès ou par autorité de justice, ainsi que les ventes après faillites qui sont ordonnancées par le juge-commissaire sur la requête du syndic.

L'article 5 de cette loi et aussi la loi du 8 juillet 1861 règlementent plus spécialement la question que nous examinons : nous y trouvons les conditions dans lesquelles le Président du Tribunal de commerce est appelé à autoriser la vente en détail de marchandises neuves pour cause de cessation de commerce.

Sous la dénomination de marchandises neuves il faut entendre toutes les marchandises qui font l'objet d'un même commerce.

Quand un commerçant sollicite une vente aux enchères pour cause de cessation de commerce, il est tenu d'adresser au Président du Tribunal de commerce un requête sur papier timbré ; à elle est joint un état des marchandises à vendre.

Il doit fournir encore une quittance de paiement de sa patente pour l'exercice en cours ; il doit également justifier que son bail est à expiration ou qu'il bénéficie d'une dédite, en même temps qu'il doit produire la quittance de loyer pour le laps de temps à courir jusqu'à cette expiration.

L'article 2 de la loi du 3 juillet 1861 laisse au Tribunal le droit de désigner une classe autre que celle des courtiers pour les ventes de marchandises neuves.

En l'espèce. les ventes en détail de marchandises doivent être réservées aux commissaires-priseurs, le mode de vente aux enchères *et en détail* étant de leur domaine exclusif.

La compétence reconnue aux courtiers de commerce, par l'article 7 de la loi du 28 mai 1863 et l'article 93 du Code de commerce pour la vente des marchandises warrantées et des objets donnés en gage, à titre commercial, ne saurait être étendue aux ventes de marchandises warrantées ou de gages commerciaux faites en détail.

Ces dernières ventes restent soumises aux formes prescrites par l'article 2078 du Code civil, et continuent d'appartenir aux commissaires-priseurs qui ont seuls mission dans les villes où ils sont établis d'opérer les ventes forcées aux enchères publiques, et en détail des objets mobiliers et marchandises. (Cass., 5 janvier 1889.)

Les Tribunaux de Commerce appelés à donner leur autorisation à une vente de marchandises neuves, pour cause de cessation de commerce, doivent, aux termes de l'article 5 de la loi du 25 juin 1841, décider, d'après les lois et règlements d'attribution, qui, des courtiers ou commissaires-priseurs sera chargé de la réception des enchères. Mais ils ne peuvent désigner un courtier que pour les cas où les marchandises seraient vendues en gros, c'est-à-dire par lots offerts à des négociants dont les courtiers sont les intermédiaires attitrés, et non par des lots mis à la portée du consommateur.

Un courtier ne saurait soutenir qu'il procède à une vente en gros, alors qu'il n'a pas observé les formalités prescrites pour ces sortes de ventes. *(Recueil des sommaires*, mars 1898, Rennes 21 décembre 1897.)

Le Président du Tribunal de commerce a la facilité de fixer le quantum des lots, pour éviter, le cas échéant, que ces sortes de ventes provoquent une concurrence trop directe aux détaillants d'articles similaires.

Toutefois, aux termes mêmes de la loi de 1841, ces lotissements ne sont pas nécessaires, et le Président du Tribunal doit s'inspirer également, dans une certaine mesure, des intérêts du commerçant qui sollicite cette faveur.

En tout cas, il est de règle de subordonner le quantum des lots à l'importance et à la nature des marchandises mises en vente.

Un arrêt de la Cour d'Appel de Lyon, en date du 8 décembre 1885, a réformé sur ce point un jugement de notre Tribunal au sujet d'une demande où le quantum des lots avait été trouvé trop élevé par l'intéressé.

Affaire Pétrus Lauras, exerçant le commerce d'objets de fantaisie, porcelaine, verrerie et orfèvrerie.

Extrait. « ... Considérant que le Tribunal de commerce de Lyon, visant la loi du 3 juillet 1861 au lieu de celle du 25 juin 1841, et lui ayant accordé l'autorisation de faire vendre aux enchères le solde de ses marchandises, a ordonné que la vente ne pourrait pas avoir lieu par lots d'une mise à prix inférieure à 50 francs et que Lauras demande la réformation de ce chef du jugement.

« Considérant que la loi du 25 juin 1841, dans son article 5, paragraphe 2, n'a point imposé une obligation aux Tribunaux, qu'elle leur a simplement laissé la faculté d'ordonner, suivant les circonstances, que les adjudications n'auront lieu que par lots dont ils fixeront l'importance, que cette interprétation ressort des termes « pourra même « ordonner... »

« Considérant que les marchandises dont Lauras a été autorisé à faire opérer la vente aux enchères publiques, sont en grande partie d'une valeur assez minime, que l'obligation, qui lui a été imposée d'en former des lots de 50 francs au moins, lui causerait un préjudice sans profit appréciable pour les intérêts que ladite obligation aurait pour objet de sauvegarder.

« Considérant, etc...

« Par ces motifs, dit qu'il a été mal jugé quant à l'obligation imposée de former des lots de 50 francs au moins, émendant l'autorise à faire vendre publiquement aux enchères les marchandises neuves composant le fonds de son commerce, sans être tenu de former des lots, etc. »

Comme conclusion, il importe de faire remarquer qu'il est de toute prudence de s'entourer de renseignements avant d'autoriser ces sortes de vente et de s'assurer notamment qu'il s'agit bien de cessation de commerce, afin de protéger les commerçants concurrents et d'éviter de leur causer préjudice.

Le cas s'est présenté, notamment à Lyon, où des gens peu scrupuleux, faisant partie de cette catégorie de *faiseurs*, formant ce que l'on est convenu d'appeler *la bande noire*, proposaient à des commerçants gênés ou voulant se retirer des affaires, d'acheter leurs marchandises en bloc ; puis, après quelques mois d'une liquidation annoncée avec force réclame, écoulaient des marchandises de toutes provenances et sollicitaient du Tribunal, pour terminer, une autorisation de vente pour cessation de commerce.

Six mois après, les mêmes individus procédaient de la même façon, mais cette fois pour un autre genre de commerce, puis sollicitaient à nouveau le bénéfice de la loi de 1841.

Il en est un qui, se voyant refuser une nouvelle autorisation, ses agissements ayant été découverts, a détourné la loi en se faisant vendre à la requête de son propriétaire.

Cette vente dura plus de seize jours ; elle aurait pu être arrêtée aussitôt le quantum obtenu, pour désintéresser le propriétaire, mais il n'appartenait pas au Tribunal d'intervenir ; il n'avait aucune qualité pour cela.

A ce sujet, le *Recueil des sommaires*, publie dans son numéro de mars 1898, le résumé d'un jugement du Tribunal civil de la Seine, du 29 juin 1897, qui confirme absolument cette appréciation. Il dit :

« En n'arrêtant pas la vente après qu'elle a produit la somme suffisante pour le paiement d'un terme de loyer, seule créance pour laquelle les poursuites sont exercées, plus les frais, le commissaire-priseur ne se conforme pas aux dispositions impératives de l'article 622 du Code de procédure civile et commet une faute de nature à engager sa responsabilité.

« Cette faute est partagée par l'huissier qui a remis au commissaire priseur une note qui fixait la créance en y comprenant un terme nouveau au sujet duquel aucune demande en justice n'a été formée.

« Peu importe les instructions données à cet effet par le client, les officiers ministériels ne sont pas des commettants ou des mandataires ordinaires, il leur appartient d'éclairer leurs clients sur l'étendue de leurs droits, et ils ont le devoir de se refuser à des actes qui ne sont pas strictement conformes à la loi. »

D'où la conclusion, pour le Président d'un Tribunal, de se montrer très sévère et prudent pour ces sortes d'autorisations ; et d'une manière générale, il a le devoir de refuser impitoyablement toutes demandes qui seraient présentées ou provoquées par des personnes dont la bonne foi ne serait pas évidente.

Comme forme spéciale, l'autorisation est mise par le Président en marge de la requête, et le jugement comporte les motifs que l'article 5 de la loi de 1841 oblige de stipuler.

Ces sortes de jugements sont rédigés par le greffier.

§ 2. **Ventes aux enchères et en gros de marchandises neuves.** — Ces ventes sont plus spécialement réglementées par la loi du 3 juillet 1861, reproduite au paragraphe précédent ; il résulte des dispositions de cette loi que, pour les ventes de marchandises aux enchères et en gros, quelles qu'en soient la nature et la provenance, les courtiers inscrits doivent être choisis pour y procéder.

La loi du 18 juillet 1866 sur les courtiers en marchandises dit dans son article 4 :

Art. 4. — *Les ventes publiques de marchandises aux enchères et en gros qui, dans les divers cas prévus par la loi, doivent être faites par un courtier, ne pourront être confiées qu'à un courtier inscrit sur la liste dressée, conformément à l'article 2, par le Tribunal de commerce.*

L'article 2 stipule que *ces officiers publics doivent remplir certaines conditions relatives à la moralité, l'honorabilité et acquitter un droit d'inscription de trois mille francs.*

Si le président du Tribunal de commerce se trouve appelé à ordonner ces sortes de ventes, il doit dès lors se conformer aux dispositions des lois précitées (25 juin 1841 et 3 juillet 1861).

§ 3. **Ventes spéciales de cuirs verts.** — Les ventes de cuirs verts et de suifs en branches sont réglementées par les lois du 28 mai 1885, 3 juillet 1861 et divers décrets spéciaux.

Par dérogation aux articles 20, 21, 22, 23 du décret du 12 mars 1859, modifié, en ce qui concerne ces sortes de ventes, par celui du 30 mai 1863, les ventes de cuirs verts, en raison de leur nature ou des avaries qui pourraient survenir, peuvent avoir lieu sans exposition préalable ni exhibition matérielle.

Elles sont autorisées par le président du Tribunal de commerce du lieu de la vente, sur requête motivée.

A Lyon, ces ventes de cuirs verts ont lieu mensuellement en la salle des commissaires-priseurs et à date fixe, à la requête d'un commissionnaire en marchandises, qui, par suite d'une entente entre ses commettants et lui, est organisé spécialement pour que toutes garanties soient données aux acheteurs.

L'ordonnance rendue par le président du Tribunal de commerce est ainsi libellée :

ORDONNANCE

Nous, Président du Tribunal de commerce de Lyon, vu la requête ci-dessus,

Vu la loi du 28 mai 1878, vu la loi du 3 juillet 1861 et les décrets du 12 mars 1859, 30 mai 1863 (art. 21),

Autorisons le sieur   à faire vendre le (la date) publiquement et en gros, en la salle des commissaires-priseurs de Lyon et par le ministère de (le nom de ce dernier), l'un d'eux, et par tous autres commissaires-priseurs, en cas d'empêchement de ce dernier, les marchandises en nature de cuirs verts désignés dans la requête qui précède.

Disons que les lots seront d'une valeur d'au moins 100 francs.

Disons que les honoraires du commissaire-priseur sont fixés à 0 fr. 65 pour 100 francs, y compris les droits d'enregistrement de 0 fr. 10 0/0, outre tous droits de timbre.

Disons que les acheteurs paieront leur prix, ainsi que les honoraires du commissaire-priseur, entre les mains de M.   .

Disons que les frais seront tirés en privilégiés.

Lyon, le

Le Président,
(Signature.)

§ 4. **Vente d'objets donnés en gage** (art. 93 du C. de comm.). — Cet article, tel qu'il a été modifié par la loi du 31 mai 1865, est ainsi conçu :

Art. 93. — *A défaut de paiement à l'échéance, le créancier peut, huit jours après une simple signification faite au débiteur et au tiers bailleur de gage, s'il y en a un, faire procéder à la vente publique des objets donnés en gage. Les ventes autres que celles dont les agents de change peuvent seuls être chargés sont faites par le ministère des courtiers. Toutefois, sur la requête des parties, le président du Tribunal de commerce peut désigner pour y procéder une autre classe d'officiers publics. Dans ce cas, l'officier public, quel qu'il soit, chargé de la vente, est soumis aux dispositions qui régissent les courtiers, relativement aux formes, aux tarifs et à la responsabilité. Les dispositions des articles 2 à 7 de la loi du 28 mai 1858, sur les ventes publiques, sont applicables aux ventes prévues par le paragraphe précédent. Toute clause qui autoriserait le créancier à s'approprier, sans les formalités ci-dessus prescrites, est nulle.*

Il résulte des dispositions de l'article qui précède que le gage peut être réalisé, sans autorisation de justice, huit jours après une simple signification à qui de droit.

Que dès lors, et comme conséquence, le juge n'a pas à intervenir pour l'autoriser, comme pour les cas de ventes de marchandises neuves et en gros (loi de 1861) que nous avons examinés dans les paragraphes précédents.

Ce n'est que dans le cas où les intéressés estimeraient qu'il y a lieu de substituer au courtier une autre classe d'officiers publics, notamment s'il s'agissait de la vente de meubles par commissaire-priseur, que le président aurait qualité pour intervenir.

Lui seul pourrait faire cette substitution de classe entre officiers publics, mais il ne saurait le faire d'office, il faut nécessairement une requête des intéressés.

Ce n'est donc qu'à ce point de vue seul qu'il convient de faire mention des dispositions de l'article 93 dans la présente étude et d'indiquer spécialement l'ordonnance à rendre par M. le Président à la suite d'une requête en ce sens.

ORDONNANCE

Nous, Président du Tribunal de commerce de Lyon, vu la requête ci-dessus et aussi l'article 93 du Code de commerce, la nature spéciale du gage à réaliser, tous droits réservés aux parties,

Disons que la vente des objets, si elle est obligatoire, sera faite en les formes prescrites, par Commissaire-priseur, désignons à cet effet Me .

Les frais, aux périls et risques de qui il appartiendra.

Lyon, le

Le Président,
(Signature.)

CHAPITRE V

Ordonnances particulières :
Autorisation à requérir paiement d'un effet de commerce égaré, ou à se faire délivrer un second titre. — Demande en duplicata de récépissé, et en paiement de warrant égaré. — Ordonnances en remplacement d'huissier commis — en nomination de Commissaire-censeur — en autorisation d'ouverture de dépôt au Conseil des Prud'hommes. — Ordonnances pour prélèvement d'échantillons en sûreté de commission rogatoire — en nomination de tiers-experts après sinistre — de taxe. — Demande d'interrogatoire sur faits et articles.

§ 1er. — **Autorisation à requérir paiement d'un effet de commerce égaré, ou à se faire délivrer un second titre.** — Cette faculté est réservée sous certaines conditions prévues par les articles 151, 152, 153, et 154 du Code de commerce.

Ces articles disent en substance :

1° Que, si la lettre de change perdue est revêtue de l'acceptation, le paiement ne peut être exigé sur une seconde, troisième, etc., que par ordonnance du Juge et en donnant caution ;

2° Que celui qui a perdu la lettre de change peut en demander le paiement par l'ordonnance du Juge en justifiant de sa propriété par ses livres et en donnant caution ;

3° Qu'en vertu des dispositions précédentes, et en cas de refus de paiement, le propriétaire de la lettre de change perdue conserve tous ses droits par un acte de protestation, fait suivant les règles en usage ;

4° Qu'enfin le propriétaire de la lettre de change égarée doit, pour s'en procurer une seconde, s'adresser à son endosseur immédiat, en remontant d'endosseur en endosseur jusqu'au tireur.

L'intervention du Président du Tribunal de commerce ne doit s'entendre en l'espèce, que dans le cas de perte d'une lettre de change ou d'un billet à ordre, c'est-à-dire d'effets négociables par la voie de l'endossement.

Il a donc le devoir, au préalable, de s'assurer de l'accomplissement des formalités prescrites par l'article 150 et les suivants afin que tous recours soient facilités contre les tireurs, souscripteurs ou endosseurs de lettres de change ou billets à ordre.

Il n'aurait aucune qualité pour intervenir et rendre une ordonnance utile, dans les cas de perte de billet ou de chèque au porteur ; il en serait de même pour des obligations en matière de sociétés anonymes, etc...

Celui qui a perdu une lettre de change doit de suite faire opposition entre les mains du tiré, et ce, afin d'empêcher le paiement, par ce dernier, aux mains de celui qui viendrait à présenter l'effet perdu (art. 149), lequel toutefois ne saurait être évincé que s'il y a de sa part mauvaise foi ou faute lourde.

Dans l'hypothèse que nous examinons, le Président du Tribunal n'a pas à s'occuper des diverses conditions prévues par les articles 147, 148 et 149 du Code de commerce ; il doit s'attacher seulement à faire respecter strictement l'application des articles 150 et suivants quand on lui en fait la demande.

Les auteurs les plus autorisés sont tous d'accord pour reconnaître et apprécier que l'expression *juge*, dont le législateur s'est servi, ne doit donner lieu à aucune équivoque, et que le mot *ordonnance* signifie que seul le Président du Tribunal de commerce a qualité pour statuer.

Dès lors, il a mission de s'assurer par lui-même de l'honorabilité du porteur et d'examiner avec soin les circonstances de la perte du titre.

Il est d'usage, pour ces sortes de demandes, d'exiger la production des livres, notamment de se faire représenter ceux qui justifient de la création ou du passage de la lettre de change, afin de s'assurer de la propriété au titre.

L'ordonnance du Président doit mentionner la caution présentée dont il doit vérifier la solvabilité. Il est préférable d'exiger le versement du cautionnement en espèces, à la Caisse départementale, avec affectation spéciale, ou dans une banque importante. C'est un des moyens rapides pour donner satisfaction à l'intéressé et en même temps sauvegarder sa responsabilité.

Il est bon d'ajouter que ces sortes de demandes exigent ordinairement une grande célérité.

L'engagement d'une caution est exigé par la loi, afin de garantir, non celui qui paie sur une nouvelle demande, mais bien le porteur qui pourrait se présenter plus tard, légitimement saisi de la lettre de change.

Ne pouvant rien contre le tiré libéré, il était nécessaire de lui réserver une action en recours contre celui qui se serait fait payer indûment. (Nouguier, n° 969; Alauzet, n° 1425; Ruben de Couder, n° 625.)

§ 2. — **Demande en duplicata de récépissé et en paiement de warrant égaré.** — Avant d'examiner cette question, il est intéressant de rappeler le rôle des magasins généraux et l'origine de leur création.

Les magasins généraux ont été établis par un décret du 21 mars 1848, puis leur règlementation a été modifiée à diverses reprises successives par les lois des 28 mai 1858 et 1er septembre 1870.

Le principe de l'établissement de ces sortes de docks est *le prêt sur marchandises déposées entre les mains des exploitants.*

Il comporte comme contre-partie la création de deux titres, l'un destiné à servir d'instrument de vente : c'est le récépissé; l'autre, d'instrument de crédit : c'est le warrant.

Le porteur d'un récépissé muni de son warrant a la faculté de déposer de la marchandise, qu'il soit déposant ou tiers porteur.

Le tiers porteur doit le détenir par *endossement* régulier, car le récépissé-warrant est un titre *à ordre* et non *au porteur.*

La loi du 28 mai 1858, qui prévoit dans son article 12 le cas de perte d'un récépissé ou d'un warant, stipule qu'un duplicata peut être obtenu, s'il s'agit du récépissé, et le paiement de la créance garantie, s'il s'agit d'un warrant. Il faut une ordonnance du Juge, c'est-à-dire du Président du Tribunal, rendue après justification par l'intéressé de sa propriété, et à charge de donner caution.

La justification de propriété ne doit pas être donnée exclusivement par des livres, tous moyens doivent être admis et examinés.

ORDONNANCE

Nous, président du Tribunal de commerce de Lyon, vu la requête ci-dessus, les dispositions de la loi du 28 mai 1858, art. 12, la justification faite par l'exposant de sa propriété au titre, l'autorisons à requérir un duplicata, à charge de donner bonne et valable caution, qui devra faire sa soumission au Greffe de ce Tribunal, dans les formes ordinaires.

Lyon, le

Le Président,
(Signature.)

§ 3. **Remplacement d'huissier commis. Nomination de Commissaire-censeur. Ouverture de dépôt au Conseil des Prud'hommes.** — 1° *Remplacement d'huissier commis :*

L'article 442 du Code de commerce dit : *Les Tribunaux de commerce ne connaîtront point de l'exécution de leurs jugements.*

Il arrive très souvent que, par suite de décès, démission ou mutation, l'huissier commis en dehors du ressort, pour signifier un jugement rendu par le Tribunal, se trouve dans l'impossibilité de remplir la mission qui lui est confiée.

Il convient dès lors d'examiner à qui appartient, dans cette hypothèse, le droit de procéder à cette substitution.

Camberlin, dans son *Manuel des Tribunaux de commerce*, estime que, si le jugement n'a pas réservé au Président le droit de remplacer l'huissier commis par le Tribunal, ce dernier n'aurait pas qualité pour procéder à ce changement sur la requête qui lui en serait faite.

La signification d'un jugement, dit-il, est considérée comme un acte relatif à l'exécution de ce jugement et, par suite, tombe sous l'interdiction de l'article 442. — C'est au Tribunal civil du lieu où le jugement doit être signifié que cette requête doit être présentée en pareil cas.

Toutefois, s'il s'agit de remplacer un huissier audiencier près le Tribunal même qui a rendu le jugement, le Président procède à cette substitution par ordonnance rendue sur requête, bien qu'on ne trouve aucune disposition légale lui en donnant le pouvoir.

Si une requête lui est présentée pour remplacer un huissier commis en dehors du ressort, son ordonnance doit renvoyer devant le Président du Tribunal civil du lieu où doit se faire la signification :

C'est le système adopté à Lyon, lequel n'a jamais donné lieu à incident ; en l'absence de règlementation spéciale à cet égard, cette solution semble plus logique, le Président du Tribunal du lieu connaissant bien mieux la situation des officiers ministériels de son ressort.

PREMIÈRE ORDONNANCE

Nous, Président du Tribunal de commerce, vu la requête qui précède, le jugement de ce Tribunal rendu à la date du .

Vu l'article 435 du Code de procédure civile, commettons Me , huissier-audiencier près ce Tribunal, au lieu et place de Me , afin de signifier le jugement dont il s'agit.

Fait à Lyon, le

Le Président.
(Signature.)

DEUXIÈME ORDONNANCE

Nous, Président du Tribunal de commerce, vu la requête qui précède, le jugement de ce Tribunal rendu le .

Vu l'article 435 du Code de procédure civile, disons que les parties sont renvoyées devant M. le Président du Tribunal civil de (du lieu où le jugement doit être signifié) pour la désignation d'un huissier en remplacement de Me désigné dans notre jugement précité.

Lyon, le

Le Président,
(Signature.)

2° *Nomination de Commissaire-censeur.* — L'article 32 de la loi du 24 juillet 1867 est ainsi libellé :

Art. 32. — *L'Assemblée générale annuelle désigne un ou plusieurs commissaires associés ou non, chargés de faire un rapport à l'Assemblée générale de l'année suivante sur la situation de la Société, sur le bilan et sur les comptes présentés par les administrateurs.*

La délibération contenant approbation du bilan et des comptes est nulle si elle n'a été précédée du rapport des Commissaires.

A défaut de nomination des Commissaires par l'Assemblée générale, ou en cas d'empêchement ou de refus d'un ou de plusieurs des Commissaires nommés, il est procédé à leur nomination ou à leur remplacement par ordonnance du Président du Tribunal de commerce du siège de la Société à la requête de tout intéressé, les administrateurs dûment appelés.

C'est le Président du Tribunal de commerce qui, aux termes de l'article 32 de la loi de 1867, reproduit ci-dessus, a seul qualité pour désigner un Commissaire-censeur, soit à défaut de nomination par l'Assemblée générale, soit en cas d'empêchement, démission ou décès en cours d'exercice.

En cas d'empêchement de nomination des Commissaires par l'Assemblée générale, la requête peut être présentée au Tribunal par la partie la plus diligente, membre du Conseil d'administration ou simple actionnaire, requête qui n'a pas besoin d'être signifiée aux actionnaires.

Le plus souvent, la demande en nomination d'un Commissaire adressée au Président du Tribunal est provoquée par le Conseil d'administration lui-même, à la suite d'un empêchement, d'une démission ou d'un décès en cours d'exercice.

Dans ce cas, il est d'usage d'exiger la production du registre des délibérations du Conseil, et de viser dans l'ordonnance le procès-verbal constatant les causes qui motivent la demande.

La requête doit, autant que possible, être revêtue des signatures de tous les administrateurs.

L'ordonnance rendue par le Président est ainsi libellée :

ORDONNANCE

Nous, Président du Tribunal de commerce de Lyon, vu la requête qui précède, l'article 32 de la loi du 24 juillet 1867, le procès-verbal couché sur le registre des délibérations de la Société, constatant (décès ou démission) de M. , désignons pour remplir les fonctions de Commissaire-censeur jusqu'à la prochaine Assemblée générale, M. .

Lyon, le

Le Président,
(Signature.)

3° *Autorisation d'ouverture de dépôt au Conseil des Prud'hom-*

mes. — L'article 17 de la loi du 18 mars 1806, portant établissement d'un Conseil de prud'hommes à Lyon, stipule:

> **Art. 17.** — *En cas de contestation entre deux ou plusieurs fabricants sur la propriété d'un dessin, le Conseil des Prud'hommes procèdera à l'ouverture des paquets qui auraient été déposés par les parties, il fournira un certificat indiquant le nom du fabricant qui aura la priorité de date.*

Il résulte des termes mêmes de cet article que, si le Tribunal se trouvait appelé à juger des différends se rapportant à une contestation où la propriété d'un dessin pourrait être invoquée, en arguant de sa priorité, le Tribunal aurait qualité pour en ordonner l'ouverture.

Cette ouverture est faite par le Président du Conseil des Prud'hommes, assisté de deux assesseurs, en présence des intéressés dûment appelés.

Il est d'usage de désigner l'huissier-audiencier des Prud'hommes pour les formalités nécessaires.

ORDONNANCE

Nous, Président du Tribunal de commerce de Lyon, vu la requête ci-dessus, vu l'article 17 de la loi du 18 mars 1806, autorisons l'ouverture du dépôt portant le n° effectué le au Conseil des Prud'hommes, par .

Disons que cette ouverture sera faite par le Président du Conseil, assisté de deux assesseurs, en présence des parties intéressées ou de leurs mandataires.

Désignons Me , huissier-audiencier près ledit Conseil, pour procéder aux formalités nécessaires.

Lyon, le

Le Président,
(Signature.)

§ 4. **Ordonnance pour prélèvement d'échantillons en suite de Commission rogatoire. Nomination de tiers expert après sinistre. Taxes.** — 1° *Ordonnance pour prélèvement d'échantillons en suite de Commissions rogatoires.* — Un Tribunal peut commettre rogatoirement, par jugement, un autre Tribunal pour procéder à l'exécution de certaines mesures d'instruction, notamment aux fins de désigner un expert chargé de prélever des échantillons de marchandises, échantillons qui peuvent lui être utiles pour l'instruction d'une instance en cours.

L'intéressé présente requête au Président du Tribunal en y joignant le jugement qui ordonne le prélèvement des échantillons et commet rogatoirement le Tribunal.

Ces sortes de missions, toutes spéciales, sont confiées aux courtiers inscrits et rentrent dans leurs attributions particulières. C'est par leurs soins que ces échantillons sont ensuite transmis au Tribunal intéressé, en les formes prescrites par la loi.

ORDONNANCE

Nous, Président du Tribunal de commerce de Lyon, vu le jugement du Tribunal de commerce de , en date du , qui nous commet rogatoirement à l'effet de désigner un expert chargé de prélever des échantillons de , objet du litige,

Désignons pour ce faire M. , qui devra se conformer aux prescriptions dudit jugement, ses frais tirés en privilégiés.

Lyon, le .

Le Président,
(Signature.)

2° *Nomination de tiers-expert après sinistre.* — Le Président du Tribunal de commerce est appelé à intervenir dans ces sortes de cas si les experts amiables précédemment choisis, l'un par la Compagnie d'assurances, l'autre par le sinistré, ne peuvent s'entendre sur l'estimation du dommage. Les polices d'assurances, pour la majeure partie des Compagnies, prévoient toutes cette hypothèse et stipulent toutes qu'en présence d'une estimation contradictoire de la part des premiers experts la désignation d'un tiers devra être demandée aux Tribunaux.

La requête est ordinairement présentée au Président du Tribunal de commerce par la partie la plus diligente.

Cette requête ne peut être acceptée que si elle se trouve accompagnée des pièces suivantes :

1° Police d'assurance, pièce utile pour constater que le Président du Tribunal de commerce est bien le magistrat désigné par le contrat;

2° Le procès-verbal de nomination des deux premiers experts choisis amiablement par les parties;

3° Le procès-verbal constatant leur désaccord.

Les experts spéciaux employés par les Compagnies dans les règlements de sinistres sont assez nombreux ; il est d'usage à Lyon de ne jamais les désigner comme tiers-experts. Le président doit donc se réserver le choix absolu de ce troisième expert et n'accepter en aucune façon les indications, même à titre officieux, qui lui seraient données, soit par le sinistré, soit par la Compagnie. Il est indispensable que ce choix porte sur une personne dont l'impartialité et la compétence ne puissent être mises en doute.

Le Président du Tribunal de commerce de notre ville confie ces sortes d'expertises à trois catégories d'experts, qui sont :

Les commissaires-priseurs en matière de mobilier et marchandises, les architectes pour le bâtiment et, enfin, les ingénieurs spéciaux en matière de matériel industriel, machines, etc.

Si le sinistre porte sur des marchandises pour l'estimation desquelles une personne de la partie soit indispensable, le Tribunal fait un choix en conséquence.

L'ordonnance du Président est ainsi motivée :

ORDONNANCE

Nous, Président du Tribunal de commerce de Lyon, vu la requête qui précède, la police d'assurances n° de la Compagnie , le procès-verbal de nomination d'experts et le procès-verbal de désaccord sur l'évaluation du sinistre, désignons M. pour remplir les fonctions de tiers-expert à l'effet de départager MM. et procéder avec eux conjointement à l'estimation du dommage causé par l'incendie du au sieur .

Lyon, le .

Le Président,

(Signature.)

Il se peut, dans des cas très rares, que l'une des deux parties refuse, dès le début du litige, de faire choix d'un expert amiable ; la partie adverse peut dès lors s'adresser au Tribunal pour la nomination d'office d'un expert, sans préjudice de la désignation d'un tiers expert s'il y a lieu.

ORDONNANCE

Nous, Président du Tribunal de commerce, vu la requête ci-dessus, la police d'assurances n° de la Compagnie , désignons d'office comme expert, à défaut par de faire son choix, M. , qui devra, concurremment avec l'expert du , s'entendre sur la fixation du dommage.

Disons que, faute de ce faire, les parties devront demander la nomination d'un tiers expert au Tribunal.

Lyon, le .

Le Président,
(Signature.)

3° *Taxes.* — L'article 60 du Code de procédure civile dit :

Art. 60. — *Les demandes formées pour frais par les officiers ministériels seront portées au Tribunal où les frais ont été faits.*

Cet article est néanmoins absolument inapplicable pour les frais faits devant un Tribunal d'exception et, par suite, devant un Tribunal de commerce.

D'où il suit que le Tribunal civil est seul compétent pour connaître d'une demande en paiement de frais faits par les huissiers devant le Tribunal de commerce. (Montpellier, 20 mai 1865, D. P., 65, V, 208.)

Il en est de même pour les frais exposés par les agréés ou autres mandataires ; ils rentrent dans la catégorie des actions personnelles à former devant les Tribunaux civils; l'article 60 ne saurait être applicable à des agréés qui ne sont pas des officiers ministériels. (Dalloz, *J. G.*, Compét. comm., 371-372, et Agréés, 67.)

Le mandat conféré par un commerçant à un agréé pour le représenter devant le Tribunal de commerce à l'occasion d'un procès relatif aux opérations de son négoce est civil au regard de l'agréé qui n'est pas commerçant.

Mais ce mandat est commercial au regard du commerçant.

En conséquence, l'agréé peut assigner le commerçant devant le Tribunal de commerce en paiement de ses frais et honoraires. (Rouen, 12 août 1896; Dalloz, 1897, II, 47.)

Les Tribunaux de commerce ne sont pas davantage compétents pour taxe des honoraires et déboursés d'experts, à raison des rapports qu'ils ont faits sur des contestations pendantes devant la juridiction consulaire. (Cass., 12 février 1895, rapporté dans le *Recueil de Jurispr. comm.*, Lyon, 1897.)

Comme conclusion, toutes ces sortes de demandes doivent être renvoyées au Tribunal civil.

Nous devons toutefois faire remarquer qu'à titre absolument officieux, et pour faciliter le paiement de leurs débours, le Président du Tribunal de commerce de Lyon accepte les demandes qui lui sont adressées pour le règlement des frais exposés jusqu'à la signification des jugements.

Son ordonnance, absolument officieuse, porte simplement que les frais *sont modérés* (mais non taxés) à la somme de .

Il est donc certain qu'une taxe faite dans ces conditions est absolument sans aucune valeur officielle; elle a tout simplement pour but, comme nous le disions plus haut, de donner une sorte de sanction, de présenter une mesure de contrôle qui facilite un règlement amiable entre le mandataire et son client et aussi vis-à-vis de la partie adverse.

§ 5. **Interrogatoire sur faits et articles.** — L'article 324 du Code de procédure civile est ainsi conçu :

> **Art. 324.** — *Les parties peuvent, en toutes matières et en tout état de cause, demander de se faire interroger respectivement sur faits et articles pertinents concernant seulement la matière dont il est question, sans retard de l'instruction ni du jugement.*

Il est admis par la jurisprudence que cet article peut être applicable en matière commerciale, que dès lors les Tribunaux de commerce peuvent autoriser cette forme de procédure.

Des auteurs, tels que MM. Pardessus, Locré, Chauveau, Nouguier, Dalloz sont absolument de cet avis, car, disent-ils, en substance, on ne trouve pas, dans les règles spéciales de procédure devant les Tribunaux de commerce, de dispositions interdisant cette voie d'instruction.

Un décret du 6 janvier 1814 alloue au greffier du Tribunal de commerce de Paris un droit de 3 francs par interrogatoire; ce qui confirme l'opinion des auteurs.

Toutefois, il importe de faire remarquer que les formalités sont modifiées en raison de la nature sommaire des affaires, et aussi par suite de l'absence de ministère d'avoué; l'interrogatoire est autorisé, non par une simple ordonnance, mais bien par un jugement spécial.

Nous donnons ci-dessous un modèle de ces sortes de jugements qui sont très rares :

Le Tribunal, après en avoir délibéré conformément à la loi ;

Vu la requête qui précède, laquelle a été présentée par au cours d'une instance pendante entre lui et

Vu les articles trois cent vingt-quatre et suivants du Code de procédure civile ;

Attendu que les faits cotés concernent uniquement la matière dont il est question dans la cause, et qu'en outre, ils sont suffisamment pertinents pour que l'interrogatoire demandé soit ordonné ;

Attendu que les dépens doivent être réservés ;

Par ces motifs : le Tribunal dit et prononce que (nom, profession, domicile) sera interrogé sur les faits suivants :

1° etc .., etc....

Commet M. juge en ce litige, à l'effet de procéder audit interrogatoire qui aura lieu dans le cabinet du magistrat commis.

Fixe au (date) à heure dudit interrogatoire. Réserve les dépens.

Commet M. huissier, à Lyon, pour signifier le présent jugement.

Ainsi fait, jugé et prononcé en audience publique, le .

CHAPITRE VI

De la saisie conservatoire.

Cette question de la saisie conservatoire est une des plus intéressantes et aussi des plus délicates que nous ayons à examiner dans ce rapport.

C'est une des formes de procédure qui se présente chaque jour dans les Tribunaux de l'importance de celui de notre ville.

Le Président d'un Tribunal de commerce peut donc se trouver très souvent en présence de cas nouveaux pour lui, de situations particulières et toutes spéciales qui le mettent dans l'obligation de prendre une décision, sans avoir la faculté de recourir à des précédents.

Il importe, dès lors, d'examiner avec soin quels sont les moyens d'appréciation dont il peut disposer en restant dans les termes et obligations de la loi ; d'indiquer également quelles sont les règles générales qui doivent guider et limiter au besoin son pouvoir discrétionnaire très étendu, afin de faire une sage et prudente application de cette mesure d'exception.

La faculté d'accorder l'autorisation de pratiquer des saisies conservatoires, rentre d'une manière absolue dans les attributions personnelles et exclusives du Président du Tribunal de commerce. (Cour de Toulouse, 26 avril 1861.)

Par suite, une requête de ce genre ne saurait être valablement présentée au Président du Tribunal civil, sauf dans le cas où ce dernier serait appelé à juger commercialement à défaut du Tribunal de Commerce.

Avant d'entrer plus avant dans l'examen de cette question, il est nécessaire de rappeler les articles qui règlementent cette procédure spéciale.

Art. 417 du Code de procédure civile. — *Dans les cas qui requerront célérité, le Président du Tribunal pourra permettre d'assigner, même de jour à jour et d'heure à heure, et de saisir les effets mobiliers ; il pourra, suivant l'exigence des cas, assujettir le demandeur à donner caution ou à justifier de solvabilité suffisante : ses ordonnances seront exécutoires, nonobstant opposition ou appel.*

Art. 172 du Code de commerce. — *Indépendamment des formalités prescrites pour l'exercice de l'action en garantie, le porteur d'une lettre de change protestée faute de paiement peut, en obtenant la permission du juge, saisir conservatoirement les effets mobiliers des tireurs, accepteurs et endosseurs.*

Dans l'esprit de l'article 417 du Code de procédure civile, la saisie conservatoire doit être définie : celle que le créancier peut faire pratiquer contre son débiteur, même sans titre, en vertu de l'autorisation du Président du Tribunal de commerce, alors même que sa réclamation ne soit pas encore sanctionnée judiciairement. (Dalloz, *J. G.*, Saisie conservatoire.)

Cette mesure a pour but de mettre le débiteur dans l'impossibilité de faire disparaître ses effets mobiliers et de disposer de son actif commercial pendant la durée d'un litige et jusqu'à due concurrence, afin d'assurer ainsi, au créancier poursuivant, l'autorisation sur lui du jugement de condamnation, s'il obtient gain de cause.

C'est une simple mesure de précaution et non d'exécution ; il importe, cependant, lorsqu'il n'y a pas de titre, de se montrer très prudent, le Président d'un Tribunal de commerce doit, dès lors, n'autoriser la saisie que bien difficilement.

Cette réserve s'impose pour plusieurs motifs; en premier, pour éviter de paralyser les opérations commerciales d'un débiteur qui ne serait pas dans une situation absolument critique ou donnant de sérieuses craintes. La saisie conservatoire pourrait, en effet, entraîner pour ce dernier la perte de son crédit.

Au surplus, et c'est là encore un sérieux motif, les frais de saisie sont ordinairement très élevés, et suivant la longueur et l'importance du procès-verbal, ces frais peuvent s'élever à près de 80 francs. Il serait donc absolument onéreux d'autoriser cette mesure pour une créance minime, à moins, comme nous le disions plus haut, que le cas présente un caractère de gravité et d'urgence. Il est donc préférable, dans cette hypothèse, de se borner à autoriser le créancier à faire assigner, *à bref délai*, même d'heure à heure.

D'autre part, la saisie conservatoire ne saurait être accordée si l'instance est déjà introduite; le créancier, ayant dans ce dernier cas, les voies ordinaires de recours contre son débiteur.

Jugé, en outre, que la saisie conservatoire ne peut être pratiquée que sur des effets mobiliers ou des objets mobiliers immobilisés par leur destination, appartenant au débiteur, et ce, partout où ils se trouvent, même chez des tiers. (Paris, 29 janvier 1854.)

Le Président qui a qualité pour permettre la saisie conservatoire est celui du lieu de la saisie.

Dans le cas plus spécial de l'article 417 du Code de procédure civile, le Président du Tribunal de commerce a le devoir d'exiger du requérant une bonne et valable caution, vu la justification de sa solvabilité personnelle.

Cette obligation n'est pas de rigueur s'il s'agit d'une demande en saisie prévue par l'article 172 du Code de commerce que nous examinerons plus loin.

En ce qui concerne la demande en validité d'une saisie autorisée par son Président, le Tribunal est incompétent pour en connaître. (Cour d'appel de Nîmes, 1854, D., P., 55, II, 208.)

L'ordonnance du Président du Tribunal de commerce, autorisant une saisie conservatoire en vertu de l'article 417 du Code de procédure civile, ne constitue pas un acte de juridiction gracieuse relevant uniquement du pouvoir discrétionnaire du magistrat ; elle est susceptible d'être attaquée par la voie de l'opposition ou par voie d'appel. (Alger, 1er mars 1897, D., 97, II, 47,8.)

L'opposition doit être portée directement devant lui ; l'appel n'est recevable que si l'autorisation a été donnée contradictoirement. (Dalloz, *Compétence commerciale*, 187; Cour d'Aix, 3 mars 1871, D., P., 72, II, 41.)

Nous avons vu qu'aux termes de l'article 172 du Code de commerce, le porteur d'une lettre de change protestée faute de paiement peut obtenir la permission de saisir conservatoirement les effets mobiliers des tireurs, accepteurs et endosseurs. Il y aurait lieu, dit Dalloz, d'appliquer les dispositions aux donneurs d'aval ; l'article 142 du Code de commerce les déclarant tenus solidairement et par les mêmes voies que les tireurs et endosseurs. (S., *J. G.*, Effets de com., 301.)

Il doit en être de même pour le porteur d'un billet ; l'article 187 du Code de commerce dit en effet que toutes les dispositions relatives à la lettre de change sont applicables au billet à ordre.

Il faut toutefois s'assurer, avant de donner, autorisation que les signataires de billets sont bien commerçants ou obligés pour cause commerciale ; c'est-à-dire qu'il faut que ces derniers aient véritablement fait acte de commerce. (Saisie conserv. *J. G.*, 10 ; arrêt dans ce sens, Cour de Bordeaux, 20 août 1878.)

Cette réserve indiquée, il résulte encore, des dispositions de l'article 172 du Code de commerce et des termes de l'article 140 du même Code, que tous ceux qui ont signé, endossé ou accepté une lettre de change, sont tenus solidairement envers le porteur.

Que, par suite, le Président du Tribunal de commerce peut accorder la saisie conservatoire à la requête du porteur, soit contre le tireur, soit contre le tiré, mais pour ce dernier, il est indispensable que l'effet soit revêtu de son acceptation régulière.

Elle peut être également autorisée contre les endosseurs, mais seulement si l'effet a été protesté à bonne date, c'est-à-dire le lendemain de l'échéance.

Dans la demande en saisie conservatoire dirigée contre le souscripteur d'un billet, il convient, comme pour le souscripteur d'effet, d'exiger le protêt.

Telles sont les principales règles qu'il est indispensable d'observer en matière de saisie conservatoire, dont l'autorisation est une des prérogatives les plus délicates d'un Président de Tribunal de commerce.

Ajoutons en outre que la saisie conservatoire n'étant pas une mesure d'exécution, elle ne saurait autoriser le demandeur à faire procéder à la vente des objets mobiliers saisis.

Au sujet de la caution dont parle l'article 417 du Code de procédure civile, prévue par la garantie du défendeur, au cas où la saisie conservatoire autorisée en vertu de cet article serait déclarée mal fondée, il importe de faire remarquer qu'elle ne saurait être obligatoirement exigée, sauf pour un étranger.

En effet, la nécessité d'agir le plus souvent avec une très grande célérité, afin que la mesure conservatoire soit véritablement efficace, oblige le Président à se borner à un examen sommaire des conditions de solvabilité du demandeur : conditions de solvabilité qui peuvent être, en pareil cas, suffisamment établies par la notoriété publique.

Il est certain qu'il serait très souvent difficile à un créancier de trouver une caution immédiate; d'un autre côté, le moindre retard pourrait le priver du bénéfice qu'il est en droit d'escompter en sollicitant une saisie conservatoire contre un débiteur aux abois.

Ce motif, bien important, peut et doit également fournir au Président du Tribunal l'occasion de se montrer très circonspect chaque fois qu'il ne se trouve pas dans un des cas prévus par l'article 172 du Code de commerce, c'est-à-dire chaque fois que la demande en saisie n'est pas accompagnée d'un titre.

En raison de l'incompétence *rationæ materiæ* des Tribunaux de commerce, pour tout ce qui concerne l'exécution de leurs jugements, ils ne sont pas compétents pour les demandes de conversion des saisies conservatoires en saisies exécutives. (Boitard, Colmet-Daage.)

Au point de vue des demandes en saisie conservatoire, qui pourraient être présentées par des étrangers, il est utile de mentionner que les Tribunaux français, incompétents pour connaître des contestations qui s'élèvent entre étrangers n'ayant pas leur domicile ou leur résidence en France, à propos d'obligations contractées en pays étrangers et devant s'exécuter à l'étranger, sont au contraire compétents pour ordonner les mesures conservatoires nécessaires pour sauvegarder les droits des parties tels qu'ils résultent de titres apparents.

Ils peuvent, en conséquence, autoriser et maintenir, au profit d'un étranger, une saisie conservatoire sur des effets mobiliers trouvés en France et appartenant à un étranger. (Alger, 1er mars 1897, D. 97, II, 478.)

Telles sont, résumées autant que possible, les règles qu'il convient d'observer, les considérations dont il y a lieu de tenir compte en matière de demande en saisie conservatoire.

Il nous reste à indiquer les formules d'ordonnance, soit pour l'autorisation d'assigner à bref délai, soit pour les autorisations de saisies conservatoires.

ORDONNANCE POUR AUTORISER A ASSIGNER A BREF DELAI

Nous, Président du Tribunal de commerce de Lyon, vu la requête et le motifs d'urgence qui nous sont présentés;

Vu les dispositions de l'article 417 du Code de procédure civile, permettons à l'exposant de faire assigner aux fins de ladite requête et pour notre audience du (la plus proche) le sieur dont il s'agit, à charge de faire remettre à ce dernier la copie de l'exploit d'assignation avant dix heures du matin de ladite date d'audience qui aura lieu à deux heures du soir,

Commettons à cet effet, Me , huissier audiencier près ce Tribunal.

Lyon, le

Le Président,
(Signature.)

ORDONNANCE EN SAISIE CONSERVATOIRE

Nous, Président du Tribunal de commerce de Lyon, vu la requête qui précède, les dispositions de l'article 172 du Code de commerce (ou de l'art. 417 Code Procéd. civile) ainsi que énumération des titres , permettons au requérant de faire saisir conservatoirement, à ses risques et périls et jusqu'à concurrence en principal de la somme de les valeurs mobilières du sieur à charge de faire assigner pour notre audience la plus prochaine.

Commettons pour ce qui précède, Me , huissier-audiencier près ce Tribunal.

Lyon, le

Le Président,
(Signature.)

Avec l'examen de la saisie conservatoire qui forme le dernier chapitre de cette étude, j'ai, je le crois du moins, présenté la catégorie, aussi complète que possible, *des attributions toutes spéciales* au Président d'un Tribunal de commerce.

Je n'ai pas eu la prétention de faire un travail nouveau; tout ce que je rappelle dans ce rapport a été traité dans des ouvrages spéciaux par des auteurs distingués auxquels, comme j'ai eu l'honneur de le dire au début de cette étude, j'ai dû faire de larges emprunts.

Je dois encore une fois remercier Monsieur le Président de la confiance dont il a bien voulu m'honorer en cette circonstance, comme dans beaucoup d'autres.

J'ai fait ce petit travail avec d'autant plus d'intérêt que les diverses questions qui y sont examinées doivent être connues de tout Secrétaire d'un Tribunal de commerce.

Je ne prévoyais pas, Messieurs, en élaborant ce rapport, que, dans un délai aussi rapproché, j'abandonnerais mes modestes fonctions pour me consacrer à mon tour à l'activité absorbante, mais bien intéressante aussi, de la vie industrielle et commerciale.

Bien que je vienne d'abuser longuement de votre si généreuse attention, je ne puis, Messieurs, laisser échapper une aussi propice occasion, la dernière peut-être, sans vous dire que j'éprouve une vive émotion en songeant à mon prochain départ du Secrétariat de la Présidence, où j'ai passé plus de seize années.

Je n'oublierai jamais cette heureuse période de ma vie où j'ai pu puiser, par les sages conseils des Chefs si bienveillants que j'ai eu l'honneur de servir, par l'exemple de travail et de dévouement toujours renouvelés des nombreux magistrats que j'ai vu se succéder ici, un haut enseignement, dont je saurai faire mon profit, quel que soit l'avenir que la Providence me réserve.

LYON. — Imprimerie A. REY. — 20690

www.ingramcontent.com/pod-product-compliance
Ingram Content Group UK Ltd.
Pitfield, Milton Keynes, MK11 3LW, UK
UKHW020405220726
13923UKWH00004B/1754

9 782019 268664